DU RÉGIME

PÉNITENTIAIRE

EMPRISONNEMENT CELLULAIRE ET PATRONAGE
DES LIBÉRÉS ADULTES

PAR

M. L'ABBÉ CHANTERET

DOCTEUR EN DROIT

PARIS

LIBRAIRIE J. B. MULOT

126, RUE SAINT-JACQUES, 126

1876

DU RÉGIME

PÉNITENTIAIRE

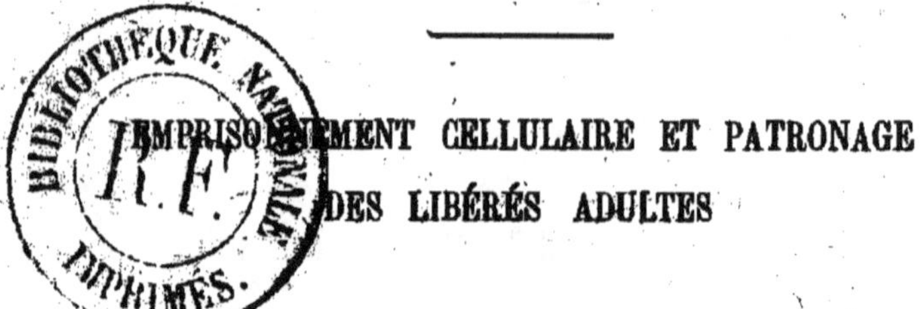

EMPRISONNEMENT CELLULAIRE ET PATRONAGE
DES LIBÉRÉS ADULTES

PAR

M. L'ABBÉ CHANTERET

DOCTEUR EN DROIT

PARIS

LIBRAIRIE J. B. MULOT

126, RUE SAINT-JACQUES, 126

1876

I

DE L'EMPRISONNEMENT CELLULAIRE

Appelé à exercer les fonctions d'aumônier, pendant trois années, à la prison de la Santé, depuis son ouverture en septembre 1867 jusqu'à la fin de 1870, j'ai recueilli quelques observations sur les réformes qu'il me paraîtrait utile d'introduire dans notre système pénitentiaire, pour rendre les détenus meilleurs et prévenir les récidives. Il ne s'agit pas ici d'une étude générale sur la question pénitentiaire. Mon dessein est de présenter au public le résultat de mes études sur le mode d'emprisonnement qui me paraît le plus moral, et sur la nécessité de créer des patronages pour secourir les libérés, au moment de leur rentrée dans la société.

Il est vrai de dire qu'ordinairement le détenu est

loin de sortir de prison meilleur qu'il n'y était entré ; et ainsi, la peine d'emprisonnement est afflictive, sans être moralisatrice. Autrefois on cherchait à éloigner du crime par l'atrocité des supplices infligés au coupable. Mais les cruautés les plus raffinées n'avaient pas effrayé les malfaiteurs, au point de les faire disparaître de la société ; parce qu'il y a dans la nature humaine une pente au mal, contre laquelle le meilleur obstacle est le redressement de la volonté. Aussi la peine de l'emprisonnement a-t-elle été un progrès sur la torture ; et elle doit être maintenue dans nos iustitutions criminelles, comme la plus morale et la plus propre, si elle est bien appliquée, à ramener au bien celui qui s'est mal engagé dans la vie, et en a mal compris le but et les devoirs.

On entend souvent dire : « Qui a volé volera. » Mais, par cette formule absolue, on veut plutôt exprimer la difficulté que l'impossibilité de l'amendement. Il est vrai que les peines extrêmes, de nécessité sociale, ne sont qu'exemplaires, puisqu'elles privent le coupable de liberté et de vie ; mais, pour la peine d'emprisonnement, qui fait seule le sujet de cette étude, si la société l'inflige, c'est avec la conscience qu'elle peut servir à corriger le coupable. La société ne fait que suspendre l'exercice de la liberté du détenu. Le prisonnier n'est pas cet animal sauvage, tigre ou hyène, que son instinct pousse fatalement à nuire. On ne punit pas la bête féroce. On la tue ou on l'enferme, sachant bien d'avance qu'elle ne pourrait reprendre la liberté qu'avec ses mauvais instincts.

Il en est tout autrement de l'homme. Pour avoir été coupable, il ne cesse pas d'être homme, c'est-à-dire libre de se tourner vers le bien. Aussi, à moins d'une nécessité sociale, variable avec les temps et les mœurs, le législateur n'édicte pas des peines qui suppriment, avec la liberté du mal, la liberté du bien. La société ne donne pas la vie à l'individu. Le champ d'exercice de la liberté humaine est déterminé par Dieu; et les gouvernements doivent tout mettre en œuvre pour que chaque individu fournisse sa carrière, selon le dessein du créateur. A mesure que les législateurs se pénètrent davantage de leurs devoirs et de leur responsabilité, à mesure que les progrès de la civilisation s'avancent d'un pas plus rapide, la peine de mort devient de plus en plus rare; et, elle n'est maintenue avec justice qu'autant que la vie de tel individu est incompatible avec la vie de la communauté.

A part ces exemples, jugés nécessaires, la société n'inflige au coupable que des peines temporaires qui servent à la fois d'exemple à tous et d'amendement au délinquant. Tel est le caractère de la peine d'emprisonnement. La société, en l'infligeant, a un but moral. Pour le maintien de l'ordre général, elle punit un abus de la liberté, et elle espère que la punition amènera la réflexion et l'amendement du coupable. Si la prison ne donne pas ce résultat, elle ne répond pas aux desseins de la société.

Il faut avouer que nous sommes encore loin du but, malgré tant d'études déjà faites sur la question pénitentiaire. Les hommes les plus éminents s'en sont occupés. Bérenger, de Tocqueville, Gustave de Beaumont, Charles Lucas, Moreau Christophe, Aylies, Maxime du Camp ont analysé les divers systèmes pénitentiaires. Les uns ont comparé les systèmes anglais et américains à ceux qui sont en usage chez nous ; les autres, par leurs fonctions ou à l'aide de renseignements multiples, ont pu connaître les vices de notre système. Tous se sont accordés à dire que la statistique des récidives prouve invinciblement que la peine de l'emprisonnement n'a pas le résultat moral qui serait à désirer.

« Il est déplorable, disait M. Jules Simon, dans la séance du Corps législatif du 22 mai 1870, qu'on enferme un homme, qu'on le place ainsi sous la main de l'État, et qu'après plusieurs années on le rende plus perverti qu'il n'était en entrant dans la maison pénitentiaire. »

Dans l'étude du régime pénitentiaire, le premier point à décider est la détermination du lieu où se

subira la peine. Malgré une expérience déjà longue et la comparaison des divers systèmes, on n'est
pas encore arrivé à des conclusions précises et universellement acceptées. Il semblerait qu'une obser-
vation attentive aurait dû amener des résolutions
décisives. Cependant on hésite encore, et il n'y a
pas d'unité dans notre système pénitentiaire.

Les conclusions qui vont suivre ne résultent
que de mes observations à la prison de la Santé où,
à quelques exceptions près, la durée de l'emprisonnement ne dépasse pas une année. Mais, vu
l'état physique des détenus, au moment de leur libération, soit qu'ils eussent fait leur temps en
cellule, soit qu'ils l'eussent passé en commun, dans
les quartiers divisionnaires qui existent à la Santé,
concurremment avec les cellules, je n'hésiterais pas
à poser les mêmes conclusions pour tout emprisonnement cellulaire dont la durée ne dépasserait
pas un petit nombre d'années.

Les limites de mon sujet ainsi déterminées, il
n'y a, à mes yeux, d'amendement possible pour le
détenu qu'avec le système cellulaire de jour et de
nuit. Beaucoup de personnes, qui n'ont pas vu les
choses de près, en entendant ce mot de cellule,
crient à la barbarie. Il y a là exagération et erreur.
Loin d'être une peine barbare, la cellule est un
emprisonnement rationnel, où le détenu qui a
conservé des sentiments honnêtes ne se gâtera

pas, et où le détenu déjà corrompu pourra s'amender.

Je vais laisser la parole aux meilleurs juges en cette matière. Quels sont-ils, sinon les parents des détenus, le directeur de la prison, les détenus eux-mêmes, qui ne manquent pas de sincérité lorsqu'ils sentent une main amie qui veut les relever et non les opprimer?

Les parents, qui venaient me trouver, redoutaient par dessus tout le contact avec des gens vicieux. Mères, épouses, frères, sœurs, commençaient d'ordinaire par excuser la faute du détenu, et finissaient toujours par ces paroles : « Pourvu qu'il ne fasse pas de mauvaises connaissances ! »

Que fait le directeur, dans son désir du bien des détenus? Le directeur de la prison de la Santé a, sous sa garde, environ mille détenus, dont cinq cents en cellule, et cinq cents dans les quartiers communs. Or ceux qu'il désigne pour les cellules, ce sont d'abord les jeunes gens et les non-récidivistes. Le directeur est un homme d'expérience. Il craindrait qu'au quartier commun les nouveaux détenus ne continuassent l'apprentissage du crime, et ne s'autorisassent du passé de leurs camarades pour s'engager plus avant dans la mauvaise voie. Il y a une autre catégorie de détenus, désignés d'avance pour l'emprisonnement cellulaire, ce sont ceux qui ont été condamnés pour affaires de mœurs.

L'idée seule qui s'attache à cette condamnation, d'ailleurs très-fréquente, suffit à faire comprendre à tout homme judicieux la nécessité du système cellulaire pour l'amendement des détenus.

Enfin il y a des prisonniers qui demandent eux-mêmes à passer du quartier commun en cellule, pour éviter des rapports constants avec des gens profondément vicieux. Le nombre n'en est pas très-grand, mais il s'en trouve. Malheureusement la masse des détenus a croupi dans le vice et n'a plus qu'un sens moral très-affaibli. Aussi comment espérer une amélioration dans un tel milieu?

On entend dire souvent, au sujet du système cellulaire : « Mais, c'est affreux que cet isolement ! c'est à devenir fou et à se suicider ! » D'abord les cas de folie et de suicide ne sont pas plus communs parmi les détenus cellulaires que parmi les gens du dehors, comme le prouvent les statistiques. Il faut ajouter que rien n'est moins exact que cette expression d'isolement appliqué, d'une manière absolue, au système cellulaire. J'ai vu nombre de détenus qui auraient souhaité un peu plus d'isolement dans leur cellule, tant ils étaient excités, à chaque instant, au travail, par le contre-maître des travaux.

Pour quiconque a administré une prison cellulaire ou a étudié de près le détail de la vie du prisonnier en cellule, l'expression d'isolement ne donne pas l'idée vraie de ce régime de peine. L'isolement existe pour le détenu qui est au cachot par mesure disciplinaire, pour infraction aux règlements de la maison, tapage, injures, menaces, rébellions, etc. Mais cette peine, infligée par le directeur, qui a la responsabilité du bon ordre de sa maison, n'est jamais que d'une durée relativement courte. Le cachot est une cellule ordinaire aussi saine que toutes les autres. On transforme une cellule ordinaire en cachot en fermant le volet, pour priver le coupable de la joie de la lumière, en supprimant les douceurs du lit, complétement ou en partie, et en interrompant tout travail et toute lecture. Voilà, en effet, l'isolement; mais, pour quelques jours seulement, et pour donner une sanction nécessaire au règlement de la maison.

Si le système cellulaire était le cachot, je le repousserais avec énergie, car il serait abrutissant et immoral. Quelle amélioration pourrait-on attendre d'un malfaiteur livré à lui-même pendant des mois entiers, au sein de l'obscurité et dans l'oisiveté et l'isolement? Le système cellulaire n'a pas ce caractère, et, lorsque le travail est en activité, il y a, dans toute la maison, un va-et-vient de cellule en cellule qui ne ressemble en rien à l'isolement.

Le travail vient-il à chômer? Le détenu a un compagnon de moins, et cette privation est très-sensible pour celui qui a le goût du travail et qui désire s'amasser un pécule de sortie. Sans doute le détenu inoccupé peut s'entretenir avec l'aumônier ou le directeur de la prison. Mais la journée, sans travail, pourra encore paraître bien longue. La lecture vient-elle se substituer au travail? Le livre, compagnon toujours agréable pour l'homme intelligent qui a quelque culture d'esprit, ne laissera pas le détenu dans la solitude.

Mais il ne faut pas se faire illusion. La lecture n'est pas un charme pour tous nos détenus. D'abord, il y en a qui ne savent pas lire. Aussi il y aurait la plus grande utilité à établir, dans chaque prison, des écoles. Le détenu ne saurait mieux employer le temps de sa peine qu'à apprendre à lire et à écrire. Pour le détenu cellulaire, qui n'a point de travail et qui ne sait pas lire, il est privé de deux compagnons bien précieux dans la vie. Un autre détenu, presque aussi à plaindre, est celui qui connaît les lettres de l'alphabet, qui sait même signer son nom, mais qui manque de cette culture d'esprit nécessaire pour prendre goût à la lecture et chercher à s'instruire en lisant. Le livre reste fermé sur sa table et ne lui apporte aucune consolation.

Voici mes observations dans le quartier des détenus en commun. Sur les cinq cents qui s'y trouvent réunis, il y en a, de temps à autre, jusqu'à cent ou cent cinquante qui sont sans travail. On tâche d'occuper tout le monde. Mais il y a des vieillards, des impotents, des individus qui n'ont qu'une peine de quinze jours à subir, et qui, n'exerçant aucun métier au dehors, auraient besoin, pour se livrer utilement aux travaux de la maison, d'un apprentissage qui dépasserait le temps de la peine. Bref, sur les cent ou cent cinquante que je prends comme exemple, combien y en a-t-il qui se rendent aux salles de lecture qui leur sont destinées ? Dix ou quinze. Tous les autres se traînent dans le préau et forment des groupes où les conversations sont très-mauvaises. Telles sont les ressources intellectuelles des prisonniers, que j'ai observés. Quelques-uns ne savent pas lire, et un grand nombre n'a pas l'esprit assez cultivé pour trouver dans la lecture un moyen de s'instruire ou de se récréer.

Malgré cela, me dit-on, vous demandez l'emprisonnement cellulaire ? ne faut-il pas attendre que l'instruction soit universellement répandue, et que tout détenu puisse avoir pour compagnon le travail ou le livre ? Je maintiens que le système cellulaire est le seul moral, le seul qui permette d'agir avec efficacité sur le détenu. Mais je signalerai les perfectionnements à introduire dans ce système, pour le bien de tous les détenus cellulaires. Toujours est-il que les parloirs, les rapports avec les fonctionnaires de la maison, les promenades dans les

préaux, les allées et venues constantes des distri-
buteurs de vivres ou de travail ne laissent pas les
détenus cellulaires dans un isolement funeste à
leur santé. Plusieurs (et c'est une ignominie) re-
viennent périodiquement dans nos prisons y refaire
leur santé, chercher un abri contre la mauvaise
saison, et recevoir gratuitement nourriture et vêtements. Combien en ai-je vu arriver chétifs et ma-
lingres, et, après quelques semaines de prison,
sortir frais et dispos ! Le bien-être matériel de nos
prisons va très-loin. Il est supérieur à celui dont
beaucoup de détenus jouissent au dehors. Combien
ne retrouvent pas chez eux une chambre à parquet
ciré et chauffée en hiver par un calorifère, comme
la cellule qu'ils ont quittée ; des bains toujours
prêts, des vêtements chauds ; une nourriture fru-
gale, mais toujours assurée ? On peut ajouter qu'il
n'est que trop facile d'améliorer, par la cantine, le
régime alimentaire.

Il n'y a pas lieu de s'apitoyer sur le sort physique des prisonniers. Je me souviens d'un détenu
de l'hiver de 1869, qui, à l'expiration de sa peine,
suppliait le directeur de la prison de la Santé de
le garder encore dans sa maison jusqu'aux beaux
jours du printemps.

Mais ce qui laisse à désirer, c'est l'amélioration
morale du prisonnier. Pour y arriver, loin de sup-
primer la cellule, il faudrait qu'elle fût plus géné-

ralement gardée par les détenus. Dans les prisons cellulaires, il y a un nombre assez considérable de détenus employés aux nettoyages, à la distribution du travail et des vivres, qui passent la journée hors de leur cellule et en contact entre eux. Il faudrait que le bienfait de la cellule s'étendît à tous, et qu'il ne pût se former dans la prison aucune camaraderie.

En supposant tous les détenus en cellule, comment les améliorer? Le travail est bon, mais il ne suffit pas à redresser les mauvaises inclinations. La lecture peut être excellente, mais elle n'a pas toujours la vertu de ramener au bien. Que faire de plus pour ces ouvriers et ces lecteurs? Que faire pour ceux qui sont privés de ce double avantage? Ce que l'on fait à l'égard d'enfants qu'on veut instruire, ou de malades qu'on veut guérir : Appeler auprès des détenus toutes les personnes qui sont capables de leur être utiles.

Jusqu'ici le prisonnier cellulaire a été tenu à l'écart des gens de bien, qui auraient pu s'intéresser à son sort et lui inspirer les sentiments du devoir. Il faut, au contraire, ouvrir la cellule à ces bienfaiteurs, et leur donner toute facilité pour accomplir le bien. Il n'y aurait pas là la désorganisation du travail que l'on craint. D'ailleurs, si l'on veut résolûment entreprendre d'amender le détenu, si on considère avant tout la question humanitaire et sociale, on doit faire céder toute considération d'argent devant cette idée : qu'il s'agit d'un homme malade qu'on se propose de rendre bien portant à la société. Si on n'envisage le détenu que comme une matière exploitable, qui rapportera d'autant plus de bénéfices qu'elle sera plus abondante, toute idée de réforme morale disparaît. On peut alors vanter les prisons, où le travail se fait en commun, parce qu'il est évidemment plus facile d'y créer des ateliers où la main-d'œuvre rendra davantage. Mais tel n'est pas le but de la prison. Oui le travail est utile au détenu, mais il ne suffit pas pour sa transformation morale.

Il faut donc que l'administration des prisons ait tout prévu d'avance, pour laisser le champ libre au grand travail de réforme morale ; qu'un temps suffisant soit accordé, chaque jour, à ceux qui ne savent ni lire ni écrire, pour qu'ils puissent, pendant la durée de leur peine, acquérir cette instruction première ; qu'il soit loisible à tous de suspendre leurs travaux pour entendre la parole d'un homme de bien, qui viendra leur apprendre que la société ne répudie aucun de ses membres résolus à mener, dans son sein, une vie honnête et laborieuse.

Si M. le Ministre de l'intérieur, de qui relèvent les prisons, établissait ce principe de réforme, il verrait aussitôt des associations charitables se former pour secourir les détenus, et des hommes généreux offrir une portion de leur temps pour aider à leur régénération morale. Des membres de la magistrature et du barreau, des gens du monde, des membres du corps enseignant, des hommes de bonne volonté de toutes les classes et de tous les rangs s'offriraient, à coup sûr, pour accomplir une œuvre éminemment sociale. Dès lors, le système cellulaire n'aurait même plus l'apparence de l'isolement, et offrirait le double avantage de préserver le détenu des mauvaises relations et de lui en créer de bonnes.

Il ne faut pas supposer qu'on ouvre à tout venant la porte d'une prison cellulaire, ce serait introduire le désordre dans la maison, et permettre à de mauvais sujets d'y venir nouer des intrigues infernales et exciter les détenus à la révolte. La responsabilité du directeur serait illusoire. Il y a là une difficulté à résoudre, mais ce n'est pas une raison pour ne rien faire. La condition essentielle à remplir, pour visiter les prisonniers, serait d'y être autorisé par l'autorité compétente. On exigerait une carte personnelle, délivrée par les autorités supérieures de l'administration pénitentiaire, ou par le directeur et l'aumônier.

La personne, ainsi dûment autorisée, pourrait visiter les détenus au parloir ou dans leur cellule, suivant les cas, à toute heure de la journée. Déterminer d'avance et parcimonieusement l'heure des visites, c'est mettre obstacle au bien qu'on a en vue. Le magistrat, le professeur, le commerçant, tous ceux qui sont enchaînés aux devoirs de leur profession, seraient très-souvent empêchés de mettre à profit l'heure réglementaire. Quant au détenu cellulaire, il est toujours prêt à recevoir la visite des personnes qui s'intéressent à lui. Souvent, après de sages avis, il se remettra au travail avec plus de courage et achèvera sa tâche aussitôt que si elle n'avait pas été interrompue.

Comme le directeur est responsable de l'ordre de la maison, et qu'il lui est nécessaire de savoir ce qui s'y passe, chaque visiteur, en déposant sa carte au greffe, pour la reprendre à la sortie, signerait un registre destiné au contrôle du directeur. Si, contre toute attente, un visiteur venait à manquer aux devoirs que sa mission lui impose, sa carte lui serait retirée par le directeur, avec avis motivé sur le registre d'inscription.

Pour donner à l'œuvre des prisons l'extension qu'elle comporte, on établirait des conférences comme il en existe au dehors. Rien ne serait plus facile que d'avoir, dans chaque prison, des salles à quarante ou cinquante cellules, construites en amphithéâtre, comme il en existe une à la prison de la Santé servant au culte protestant. Les auditeurs s'y succéderaient, suivant leurs aptitudes, et les

sujets les plus divers pourraient être traités, selon
la diversité des talents de ceux qui offriraient leur
concours. L'enseignement, sous toutes ses formes,
aurait toujours pour but d'encourager au travail,
de montrer les bons résultats de la vie d'ordre et
d'épargne, et enfin de relever les caractères.

Séquestrer le prisonnier, ce n'est pas l'améliorer, c'est l'empêcher, pour un temps, de nuire à la
société, mais ce n'est pas travailler à le rendre
meilleur. Pour arriver à ce résultat et donner à la
peine un but vraiment moral, les moyens les plus
rationnels sont la création des écoles là où elles
manquent encore, la visite des prisonniers par des
gens de bien, et l'établissement de conférences mo-
ralisatrices. Pour cela, il est nécessaire de rompre
avec la routine. Supposer que les choses doivent
toujours être ce qu'elles ont été, c'est rester station-
naire, lorsque les récidives prouvent qu'il faut
aller en avant et modifier un système pénitentiaire
défectueux.

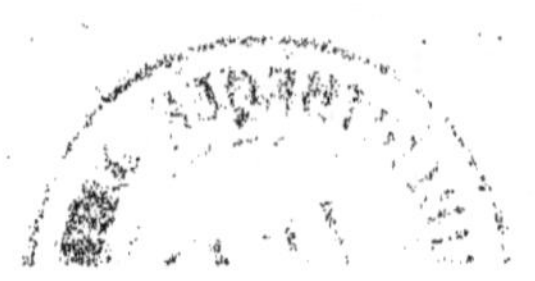

PATRONAGE DES LIBÉRÉS ADULTES

La première condition de la réforme des prisonniers est l'emprisonnement cellulaire, avec la plus grande facilité donnée au détenu de se mettre en rapport avec les gens de bien. Mais, pour assurer les bons résultats qui ont pu être obtenus pendant la durée de la peine, la charité doit accompagner le détenu hors de la prison. Combien se trouvent abandonnés, à ce moment, sans direction, à la merci de toutes les mauvaises influences? Plusieurs sont condamnés pour vagabondage. Sans travail et sans ressources, sous le coup de l'art. 269 du Code pénal, ils ont été punis de quelques mois de prison. Dès leur libération ils retomberont sous le coup de la loi, car ils seront, comme auparavant, sans travail et sans ressources pour attendre le jour où ils pourraient mettre la main à l'œuvre.

Rien n'est triste à voir comme la mise en liberté d'un grand nombre de détenus. Ceux qui en sont témoins ne manquent pas de dire : « En voilà qui ne tarderont pas à rentrer ! » On entend souvent répéter à ces malheureux libérés : « Nous n'avons pas un sou vaillant, qui nous permette d'attendre l'offre du travail. »

En 1870, la moyenne du produit du travail des détenus, à la prison de la Santé, était de six francs par mois. Mais il y en a qui ne gagnent rien, soit que la maladie les retienne à l'infirmerie, soit que l'ouvrage manque, soit qu'il y ait inaptitude à un travail lucratif, à défaut de temps pour faire un apprentissage. Voilà donc des détenus qui, si nulle personne charitable ne vient leur tendre la main, se trouveront en liberté, sans savoir comment ils pourront se procurer la nourriture de la journée. De plus, ils sont souvent presque sans vêtements et sans chaussures, malgré les efforts de l'administration des prisons à soulager les plus grandes misères. Dans de telles conditions, comment trouveront-ils du travail ? Comment feront-ils pour vivre jusqu'à ce qu'ils aient reçu un salaire, quelque modique qu'il soit ? C'est là une cause constante de récidive.

Jusqu'ici la charité publique s'est peu exercée

envers les prisonniers. On a discuté sur les réformes à introduire dans le régime pénitentiaire, mais on n'a pas encore mis résolûment la main à l'œuvre. Rien ne serait plus à désirer que l'initiative vînt des particuliers. Ceux qui auraient vu de près les prisonniers, seraient d'excellents juges de l'étendue de la tâche à remplir et des moyens à employer. Tout n'est pas à innover en cette matière, mais il faut centupler les efforts déjà faits.

Il existe depuis longtemps une association charitable composée d'hommes éminents de la magistrature et du barreau, dont la fondation remonte à un don de Lamoignon. A son origine, elle avait pour but le soulagement et la délivrance des prisonniers pour dettes. Depuis la nouvelle loi du 22 juillet 1867, relative à la contrainte par corps, qui la supprime en matière commerciale, civile et contre les étrangers, cette association d'hommes de bien a étendu ses bienfaits à tous les prisonniers. Elle s'efforce même de secourir les familles nécessiteuses des détenus. Les ressources qu'elle met à la disposition des aumôniers rendent leur ministère plus facile. Mais elles ne peuvent, à elles seules, répondre aux besoins les plus pressants des détenus. Aussi il serait désirable que les sociétés, fondées pour le secours des prisonniers, prissent une très-grande extension. Alors seulement, elles pourraient disposer de ressources en rapport avec les besoins les plus urgents des détenus libérés. Les prisons de la Santé, de Sainte-Pélagie, de Mazas, de la Conciergerie sont d'immenses foyers de misères à soulager.

Tout en laissant à la charité privée l'initiative des patronages en faveur des libérés-adultes, l'État concourrait utilement à cette œuvre sociale en encourageant et en facilitant son fonctionnement, soit par la création d'asiles dans les colonies, soit par l'établissement d'ouvroirs où se rendraient les dames patronesses qui consacreraient une partie de leur temps à la confection et à la distribution de vêtements, soit par l'offre d'un lieu de réunion où les associés prendraient, en commun, les mesures opportunes, soit par la communication de renseignements sur les détenus par l'intermédiaire des directeurs de prison. L'État n'aurait pas à introduire, dans les patronages, des fonctionnaires salariés. Les membres qui les composeraient ne s'inspireraient que de leur charité.

Les ressources de ces patronages viendraient des souscriptions annuelles de leurs membres, des quêtes, et de dons et legs, s'ils étaient reconnus comme établissements d'utilité publique. Le trésorier serait choisi parmi les membres du patronage, et les résolutions relatives à l'emploi des fonds seraient prises en assemblée générale.

Les secours à accorder prendraient des formes

très-diverses, selon les besoins des détenus. Aux uns il ne faut que des vêtements convenables pour trouver immédiatement un emploi. D'autres, avec un secours de route, rejoindraient leurs familles et échapperaient aux dangers de Paris. Il en est qui ne savent jamais se tirer d'affaire si on ne leur met l'ouvrage à la main. On aviserait à créer pour eux des asiles, surtout dans les colonies. Quelques-uns mèneraient une vie honnête, le reste de leur vie, si on les mettait à même d'exploiter un petit fonds de commerce. Pour les infirmes et les malades, on pourvoirait, jusqu'à leur rétablissement, à leur nourriture et à leur logement.

Mais, dit-on, on prendra le chemin de la prison pour profiter de ces avantages, et ainsi c'est donner une prime au vice. Avec ce raisonnement, on ne ferait rien pour les détenus libérés, et cependant il y a une utilité sociale à leur venir en aide. Si la charité secourt souvent les malheureux, même lorsqu'ils paraissent indignes, c'est qu'elle n'ignore pas que c'est le meilleur moyen de les ramener au bien. D'ailleurs celui qui prendrait le chemin de la prison pour atteindre les secours des détenus libérés, pourrait voir ses tristes calculs déjoués, car le patronage des libérés n'impose d'obligations à l'égard d'aucun détenu. Les libérés ne sont secourus que dans la limite des ressources du patronage et tous renseignements pris sur l'opportunité du bienfait.

La charité ne désespère jamais de ramener une âme au bien ; mais elle sait user de prudence et de discernement. Elle pourrait refuser ses secours au récidiviste qui ne consentirait pas à changer le milieu où il a jusque-là vécu et à aller habiter des asiles créés dans les colonies. Il y a mille moyens divers à employer pour redresser les mauvais penchants, et le but des patronages serait précisément la recherche et l'emploi de ces moyens.

En résumé, la peine de l'emprisonnement n'a pas jusqu'ici servi à améliorer le détenu, parce qu'on a encore trop peu fait pour atteindre ce but. La cellule de jour et de nuit est une condition essentielle de moralisation ; mais ce n'est là qu'un préservatif et non un remède. Il faut, en outre, que des gens de bien prennent à cœur de relever des malheureux tombés bien bas, mais portant toujours, en leur âme, l'image de la divinité. Ce travail de réforme, commencé dans la cellule, se poursuivrait après l'expiration de la peine, et, à n'en pas douter, il aboutirait à relever des infortunés jusque-là repoussés de la société.

Typographie Lahure, rue de Fleurus, 9, à Paris.